C.

21006

L'ÉCHO

DE LA FRANCE

RECUEIL

DE CHANTS ET CHANSONS

EN L'HONNEUR

DE LOUIS-NAPOLÉON BONAPARTE

PRÉSIDENT DE LA RÉPUBLIQUE

PRÉCÉDÉ

D'UNE NOTICE HISTORIQUE.

————o o————

PARIS,

Librairie populaire des villes et des campagnes,
Rue du Paon-Saint-André, 8.

1849.

LOUIS-NAPOLÉON BONAPARTE.

NOTICE BIOGRAPHIQUE

SUR

LOUIS-NAPOLÉON BONAPARTE,

Président de la République.

L'empereur Napoléon était à l'apogée de sa gloire ; une seule chose manquait à son bonheur : il n'avait point d'héritier direct. N'espérant plus avoir d'enfants de l'impératrice Joséphine, il avait adopté ceux nés de son frère, Louis.Napoléon, roi de Hollande, et de la belle et charmante reine Hortense, fille de Joséphine, et épouse de Louis.

Déjà deux enfants étaient nés de cette union, lorsque, le 10 avril 1808, la reine Hortense donna le jour à un troisième fils ; le bruit du canon, le son des cloches annoncèrent cet événement dans presque toute l'Europe ; car la plus grande partie de l'Europe était française alors. Des fêtes publiques célébrèrent la naissance de ce nouvel héritier du grand homme, qui semblait devoir consolider la puissance de Napoléon.

Un registre avait été préparé au sénat pour

recevoir les actes de l'état civil de la famille impériale ; Louis-Napoléon fut le premier inscrit sur ce registre ; le second et le dernier fut le roi de Rome, né le 20 mars 1811.

Or cet enfant entré dans le monde avec tant d'éclat, au milieu des splendeurs de l'Empire et sur lequel se reflétait si puissamment la pourpre impériale, c'était Louis-Napoléon Bonaparte, aujourd'hui président de la république française ; ses deux frères sont morts, l'un en Hollande en 1807 ; l'autre en 1831, pendant la révolution d'Italie, à laquelle il avait pris une part des plus actives.

On assure que Napoléon eut un instant la pensée de ceindre d'une couronne le front de ce nouveau né, comme il le fit plus tard en proclamant roi de Rome l'enfant que lui donna la fille des Césars, et que s'il ne le fit point, c'est qu'il rêvait alors d'autres merveilles plus grandes que celles qu'il avait accomplies. N'est-ce pas une étrange destinée que celle de ce fils de roi, neveu et héritier du plus grand homme des temps modernes, chassé tout enfant, de sa patrie, passant trente trois ans dans l'exil, et rappelé tout à coup, par la volonté d'un grand peuple qui lui confère la magistrature suprême ?

Louis-Napoléon fut baptisé en 1811 à Fontainebleau par le cardinal Fesch, son grand oncle : l'empereur fut son parrain, et il eut pour marraine l'impératrice Marie-Louise ; portant son étoile commençait à pâlir, car le roi de Rome était né ; mais ce grand événement n'avait pas altéré l'affection de l'empereur pour ses fils adoptifs : presque chaque jour il les faisait amener pendant son déjeuner, les interrogeait, s'amusait de leur babil, et leur faisait réciter des fables. Ils étaient également chéris de l'impératrice Joséphine, leur grand-mère, qu'ils ne quittaient presque point. Ils étaient encore près d'elle à la Malmaison, lorsque, le 29 mars, on les emmena en toute hâte, à l'approche de l'armée des alliés. Louis-Napoléon, qui n'avait pas encore six ans, ne voulait pas partir ; il demandait s'il l'on n'avait pas de gros canons pour repousser l'ennemi, et il se débattait, disant qu'il aimait mieux aller avec les canonniers. Ce ne fut pas sans peine qu'on parvint à le faire monter en voiture.

Ce premier exil dura peu ; à peine, le 20 mars 1815, Napoléon était-il rentré aux Tuileries qu'il y fut rejoint par la reine Hortense et ses fils ; ces derniers accompagnaient l'empereur à la cérémonie du champ de Mai ; Napoléon aimait à les montrer au peuple ; il semblait qu'il eût le pressentiment de la déplorable destinée de son fils, et que, à l'avance, il aimât à se voir revivre dans ses neveux.

Le 12 juin 1815, l'empereur se prépare à quitter Paris pour aller se mettre à la tête de l'armée. Le bruit de son prochain départ s'étant répandu autour de lui, Louis-Napoléon, qui avait alors un peu plus de sept ans, se glisse dans le cabinet de son père adoptif ; il se met à genoux sans se préoccuper de la présence des maréchaux dont l'empereur était entouré.

— Que me veux-tu ? dit ce dernier, sans dissimuler l'impatience que lui causait l'apparition inopportune de son jeune neveu.

— C'est que, dit l'enfant en pleurant amèrement, je sais que vous allez faire la guerre.... Je vous en prie, restez ici !... N'allez pas à la guerre ! Oh ! n'y allez pas !...

L'empereur releva l'enfant, le prit sur ses genoux et lui dit :

— Eh pourquoi donc n'irais-je pas ? ce n'est pas la première fois que j'y vais, et tu sais bien que j'en reviens toujours.

— Oh ! mon cher oncle, c'est que je sais que ces alliés veulent vous tuer... Tenez, emmenez-moi ; je n'ai pas peur ; vous verrez !

Napoléon était vivement ému ; il passa l'enfant à un de ses maréchaux qui pleurait, en lui disant : embrassez-le, non ; ce sera un noble cœur, et peut-être est-ce l'héritier que le Ciel me destine. »

Dix jours après, l'empereur, écrasé à Waterloo, arrivait à la Malmaison ; le 24 juin il embrassait pour la dernière fois la reine Hortense et ses enfants. Louis-Napoléon comprenant que son oncle allait partir pour ne revenir que dans un temps éloigné, ou peut-être jamais, donna de nouvelles preuves de sa jeune énergie ; s'élançant vers son oncle, il entoura de ses deux bras l'une des cuisses du grand capitaine, en s'écriant :

— Je veux aller avec vous : j'ai vu tirer le canon ; je le tirerai bien, vous verrez !

Force fut bien au jeune enfant de laisser partir le héros malheureux ; lui-même, deux jours après, prenait avec sa mère le chemin de l'exil.

La reine Hortense avait choisi, sur le bord du lac de Constance, en Suisse, une délicieuse retraite appelée le château d'Arenemberg. Là, elle s'occupa, avec la plus tendre sollicitude, de l'éducation de son plus jeune fils, le roi Louis, retiré en Italie, ayant appelé près de lui son aîné. Louis-Napoléon montrait dès-lors les plus heureuses dispositions du cœur et de l'esprit. Un jour, pendant le premier hiver qu'il passa dans cette retraite, alors qu'il prenait part aux jeux des enfants du voisinage, il aperçut une pauvre famille, le père et la mère, qui paraissaient exténués de besoin, portaient de jeunes enfants dont de mauvais haillons cachaient à peine la nudité ; d'autres enfants les suivaient en marchant piedsnus dans la neige et la boue. Le jeune prince, touché de la plus vive compassion, court à eux et fouille dans ses poches, mais il n'y trouva rien ; se rappelant alors qu'il a dépensé tout l'argent destiné à ses menus plaisirs, il ôte sans hésiter son habit qu'il fait endosser à l'un des enfants, puis il donne ses souliers et son chapeau à un autre, et il revient au château tranquillement, en chemise et les pieds nus ; il raconte qu'il n'a pu résister au désir de soulager ces pauvres enfants qui avaient l'air de tant souffrir du froid ; et comme on lui faisait observer qu'il n'avait pas le droit de disposer ainsi de ses vêtements, il offrit gravement d'en payer le prix sur les petites sommes que sa mère lui donnait chaque semaine. Déjà, dans une autre circonstance, deux ans auparavant, il en avait usé de même envers un jeune ramoneur qui, s'étant trompé de chemin en descendant du haut d'une cheminée, était venu tomber dans sa chambre. Louis-Napoléon qui était encore couché, s'élança hors du lit pour voir de plus près ce petit homme noir qui lui apparaissait d'une manière si singulière ; le ramoneur plus effrayé lui dit en tremblant qu'il s'était trompé, et que son maître le gronderait. — Je ne veux pas qu'il te gronde, s'écria l'enfant ! Tu lui diras que je ne le veux pas ; et s'il ne veut pas te croire, tu lui montreras ceci que je te donne. A ces mots, il prit sa bourse déposée sur la cheminée, et il la donna au ramoneur.

L'instruction solide du jeune Louis-Napoléon développa les dispositions précoces de son esprit et l'énergie de son caractère. Il excella bientôt à monter à cheval ; il eut peu d'égaux dans le maniement des armes et dans les combats à la lance, à la manière des Polonais.

Il profita avec ardeur du voisinage de Constance pour se former aux exercices militaires avec le régiment badois, alors en garnison dans cette ville. En même temps, M. Gastard, Français d'un grand mérite, lui enseignait la chimie et la physique.

Le jeune Napoléon fut admis à faire partie du camp que la Suisse formait pour l'instruction de son artillerie chaque année à Thoun, dans le canton de Berne, sous la direction du colonel Dufour, ancien colonel de génie de Napoléon. Le prince se fit remarquer par son application à tous les exercices et à toutes les manœuvres. Tout lui devint familier. Le sac sur le dos, mangeant le pain du soldat, maniant alternativement la brouette et le compas, il gravissait les glaciers avec une ardeur sans égale. Il ne fut pas longtemps sans marquer comme son oncle un goût exclusif pour l'artillerie ; l'étude de cette science si importante s'empara bientôt de tous ses instants.

Il était au camp de Thoun quand la nouvelle de la révolution de 1830 vint exciter l'enthousiasme dans son jeune cœur. Il crut comme ses camarades que les principes révolutionnaires allaient animer le nouveau gouvernement et réhabiliter le peuple français dans l'estime de l'Europe, aussi haut que l'avait placé Napoléon. Un instant il espéra voir la fin de son exil ; mais cet espoir ne tarda pas à être détruit, comme celui de la France, en sa liberté. Le gouvernement des barricades proscrivit, comme celui de 1815, la famille populaire du grand empereur. Le roi créé par l'insurrection nationale, se fit l'instrument pusillanime des vengeances et des peurs des rois de l'Europe.

Toutes ses illusions étaient détruites, son retour sur le sol natal était impossible ; mais, dans une contrée amie de la France, il y avait encore de la gloire à acquérir. Les patriotes italiens sur lesquels la révolution de juillet avait rejailli , levèrent l'étendard de l'indépendance.

Napoléon-Louis était à Florence ainsi que son frère, lorsque l'insurrection de la Romagne éclata. Des caractères audacieux et entreprenants manquaient pour diriger le mouvement ; aussi les chefs révoltés s'empressèrent-ils d'appler les deux princes. Ils accoururent sans hésiter. Le jeune Napoléon , n'écoutant que son courage, organisa à la hâte quelques braves déterminés, et n'ayant qu'un seul canon pour toute artillerie, il s'empara de Civita Castellane. L'intrépidité du prince effraya le nouveau ministre de la guerre que l'on venait d'improviser, et on ordonna la suspension des attaques. Ce contre-temps l'affligea beaucoup et il revint à Boulogne pour presser les préparatifs de défense. Les deux princes firent preuve d'un grand courage en chargeant avec vigueur un corps d'Autrichiens avec quelques cavaliers seulement et payèrent bravement de leur personne.

Les insurgés forcés de plier devant les forces imposantes de l'Autriche, se refoulèrent sur Forli en criant: Vive la liberté ! Vivent les Bonapartes !

Ce fut à cette époque que le prince Charles, son frère aîné, fut atteint d'une maladie mortelle à laquelle avaient beaucoup contribué les fatigues de la campagne. Il mourut dans les bras de son frère, qui fut atterré par cette perte aussi rapide qu'inattendue.

Ce jeune homme, du sang du prince Eugène et de l'empereur, fils de la reine Hortense, est tombé sous la même fatalité qui décima la grande famille de Napoléon. L'estime et l'amitié de ces deux frères étaient poussées jusqu'à l'exaltation. Les mêmes sentiments les animaient: l'amour de la liberté, leur piété fraternelle était sans égale.

Le courage cependant n'abandonna pas Louis-Napoléon, et malgré le chagrin qui l'accablait, il ne céda le terrain que sur les ordres réitérés des chefs de l'insurrection. Il fallut alors le soustraire aux vengeances de Rome et du cabinet de Vienne. Son excellente mère, effrayée des dangers que courait son dernier fils qui venait de tomber malade à Ancône, était venue se joindre à lui pour tâcher de le sauver. Son dévouement maternel et sa grande force d'âme lui suggérèrent de faire courir le bruit qu'il s'était réfugié en Grèce, et quoique son hôtel fût auprès de celui du commandant autrichien, elle parvint à dérober son malade aux yeux de la police. A l'aide d'un déguisement et munie d'un passeport anglais, elle parvint à traverser l'Italie et une partie de la France, malgré la proscription qui lui en interdisait l'entrée. Elle arriva à Paris et descendit rue de la Paix, en face de la colonne d'Austerlitz, au moment où M. Sebastiani annonçait qu'elle venait de débarquer à Naples (20 mars 1850).

Le prince était en proie à une fièvre brûlante et couvert de sangsues, et cependant le gouvernement ombrageux de Louis-Philippe vint lui intimer l'ordre de quitter Paris à l'instant même. Les prières d'une mère encore inquiète sur la vie de son fils ne purent toucher le cœur du roi, et les deux proscrits durent prendre de suite le chemin de Londres, malgré la lettre remarquable du prince à Louis-Philippe, dans laquelle il revendiquait son droit de citoyen français. Il ne reçut pour toute réponse que l'ordre impitoyable de quitter la France.

L'hospitalité et les honneurs que l'on offrit au prince, à Londres, ne purent le toucher; il ne voulut rien accepter par respect pour la mémoire de son oncle, et revint en Suisse au mois d'août 1831.

Ce fut à cette époque que Louis-Napoléon reçut une députation secrète des Polonais qui lui proposaient de se mettre à la tête de cette brave nation. Craignant que son nom ne servît de prétexte au gouvernement français pour refuser de secourir la Pologne, le prince refusa d'abord ; puis, cédant aux instances des députés, il se disposait à partir lorsqu'on reçut la nouvelle de la chute de Varsovie, qui rendait son dévouement inutile.

Louis-Napoléon se livrait dès-lors à d'importants travaux ; il publia successivement plusieurs ouvrages très-remarquables, tels que ses *Considérations politiques et militaires sur la Suisse* et son *Manuel d'artillerie*, œuvres qui lui valurent le titre honorifique de citoyen de la Suisse, ce qui n'entraîne pas la naturalisation, et le grade de capitaine dans le régiment d'artillerie de Berne.

Il avait précédemment soumis quelques-uns de ses ouvrages à M. de Châteaubriand, qui lui avait écrit :

« Prince, vous savez que mon jeune roi est en Ecosse, et que tant qu'il vivra il ne peut y avoir pour moi d'autre roi de France que lui. Mais si Dieu, dans ses impénétrables desseins, avait rejeté la race de saint Louis, si notre patrie devait revenir sur une élection qu'elle n'a pas sanctionnée, et si ses mœurs ne lui rendaient pas l'état républicain possible, alors, prince, il n'y a pas de nom qui aille mieux à la gloire de la France que le vôtre. »

Dans le même temps, Armand Carrel disait :

« Les ouvrages de Louis-Napoléon Bonaparte annoncent une bonne tête et un noble caractère. Le nom qu'il porte est le plus grand des temps modernes ; c'est le seul qui puisse exciter fortement les sympathies du peuple français. Si ce jeune homme sait comprendre les nouveaux intérêts de la France ; s'il sait oublier ses droits de légitimité impériale pour ne se rappeler que la souveraineté du peuple, il peut être appelé à jouer un grand rôle. »

Encouragé par ces jugements, et par le concours d'un grand nombre d'officiers, Louis-Napoléon arriva tout à coup à Strasbourg ; le 4e régiment d'artillerie se range sous ses ordres ; un régiment de ligne suit son exemple ; il allait marcher à la tête de la garnison tout entière, lorsque quelques officiers répandirent le bruit que celui qui se disait l'héritier de Napoléon n'était pas le neveu de l'Empereur. Cela suffit pour qu'il fût abandonné des soldats. Arrêté et conduit à Paris, on n'osa pas le mettre en jugement, et l'on se contenta de le faire transporter en Amérique sur la frégate l'*Andromède*. À peine débarqué, le jeune prince apprend que sa mère, la reine Hortense, est dangereusement malade ; il part aussitôt pour Londres, d'où il se rend en Suisse. Son excellente mère l'attendait pour qu'il pût lui fermer les yeux, et il put recevoir son dernier soupir.

Forcé de quitter la Suisse que la France menaçait d'une invasion si elle accordait une plus longue hospitalité au neveu de l'empereur, Louis-Napoléon se retira en Angleterre où il publia son excellent livre.

Des Idées Napoléoniennes.

C'est à Londres que fut résolu, en 1840, l'expédition de Boulogne.

Des armes avaient été réunies. On avait fait confectionner en Angleterre des uniformes d'officiers généraux, et on avait acheté en France des habits de soldat. Les boutons seuls manquaient ; les fabriques de Londres en avaient fourni sur lesquels était le n° 40. C'était le numéro d'un régiment qui tenait garnison dans le voisinage du port du débarquement.

Enfin, dans la supposition que la troupe attaquante prendrait possession de Boulogne, des lieux environnants, et presque de la France entière sans coup férir, tout avait été disposé pour organiser immédiatement les régiments, la population, la force armée et le gouvernement lui-même. Des ordres en blanc, écrits à la main, désignaient ceux qui devaient être chargés de recevoir les objets indispensables à l'armée, tels que chevaux, selles, brides, etc. ; d'autres concernaient le commandement des troupes, d'autres leur recrutement, d'autres enfin des mesures de précaution.

Il ne restait plus qu'à s'embarquer et à faire voile vers la France. Tout était prêt le 5 août 1840. Un bateau à vapeur, le *Château-d'Édimbourg*, avait été loué à la compagnie commerciale de Londres.

Dès le 3, tous les bagages avaient été chargés sur le bateau. Deux voitures et neuf chevaux en faisaient partie. Les hommes qui devaient composer l'escorte du prince avaient été divisés par petits pelotons et embusqués en des lieux divers, afin de ne pas trop attirer l'attention. Les uns sont partis de Londres, les autres de Gravesend, où se trouva un pilote français destiné à diriger le bâtiment lorsqu'il approcherait des côtes.

Louis-Napoléon espérait arriver à Boulogne pendant la nuit; il lui eût été facile alors de s'emparer de l'arsenal, d'armer les ouvriers du port et de gagner rapidement les principales places du Nord; mais son bâtiment manqua la marée. Il arriva devant Boulogne en plein jour, et dès-lors tout fut perdu.

On a beaucoup parlé d'un aigle vivant que Louis-Napoléon avait amené avec lui dans cette expédition. Rien de plus simple que cette historiette : Le colonel Parquin déjeunait dans une auberge sur le bord de la Tamise; un joueur d'orgue vint s'installer devant cette auberge; il portait un aiglon apprivoisé. Le colonel eut l a fantaisie d'acheter cet oiseau, et il l'emporta à bord du bateau à vapeur. L'aiglon ne devait pas sortir du bateau, et il serait retourné en Angleterre si la police, en s'emparant du bâtiment, n'avait pas jugé à propos de l'en enlever.

Enfermé d'abord au château de Boulogne, Louis-Napoléon en fut bientôt extrait pour être conduit à Paris. « Allez! prince, lui cria M. de Persigny, son aide-de-camp, l'ombre de l'empereur vous protége; elle vous conservera pour le bonheur de la France! »

On a prétendu que le prince se présentait alors comme prétendant au trône impérial; c'est une erreur ou un mensonge, ainsi que le démontre ce passage de sa proclamation :

« Un congrès national élu par tous les citoyens peut seul avoir le droit de choisir ce qui convient le mieux à la France...

» Mon nom est un drapeau qui doit vous rappeler de grands souvenirs; et ce drapeau, vous le savez, inflexible devant les partis et l'étranger, ne s'incline que devant la majesté du peuple. »

On a dit encore que les tentatives de Strasbourg et de Boulogne étaient des actes de folie; voici sur ce point l'opinion d'un homme dont la haute raison est connue de tout le monde :

Condamné par la cour des pairs à un emprisonnement perpétuel, Louis-Napoléon fut renfermé dans la forteresse de Ham. Là, il consacra tout son temps à l'étude, et il publia successivement : *Fragments historiques*, 1828 *et* 1830; une brochure sur *la Question des sucres*, des réflexions sur *le mode de recrutement de l'armée*; le premier volume d'une *Histoire des armes à feu*; enfin une petite brochure sur l'*Extinction du paupérisme*.

Tous ces ouvrages obtinrent un grand et légitime succès ; mais bientôt une affreuse nouvelle vint briser le cœur de l'illustre prisonnier : son père se mourait en Italie ; il avait inutilement demandé au gouvernement français de permettre à son fils d'aller lui fermer les yeux. Louis-Napoléon demanda lui-même cette autorisation, s'engageant sur l'honneur à rentrer dans sa prison après avoir rempli ce pieux devoir qui l'appelait. On ne voulut rien accorder; ce fut alors que le prisonnier s'évada : mais il ne put obtenir nulle part des passeports pour se rendre à Florence, où était son père qui mourut sans avoir la consolation d'embrasser le seul fils qui lui restât.

A la première nouvelle de la révolution de Février, Louis-Napoléon accourut à Paris et se mit à la disposition du gouvernement provisoire; mais apprenant que sa présence pourrait entraver le développement de la République, il retourna volontairement en exil.

Elu représentant par plusieurs départements, il apprit que sa présence à l'assemblée pourrait être la cause de quelques troubles, et il donna sa démission. Elu une seconde fois par cinq départements, il vint enfin prendre place parmi les représentants de la France. Dès lors, son élection à la présidence de la République parut assurée. Le 27 novembre, il publia le manifeste suivant:

Pour me rappeler de l'exil, vous m'avez nommé représentant du peuple. A la veille d'élire le premier magistrat de la République, mon nom se présente à vous comme symbole d'ordre et de sécurité.

Ces témoignages d'une confiance si honorable s'adressent, je le sais, bien plus à ce nom qu'à moi-même, qui n'ai rien fait encore pour mon pays ; mais plus la mémoire de l'empereur me protége et inspire vos suffrages, plus je me sens obligé de vous faire connaître mes sentiments et mes principes. Il ne faut pas qu'il y ait d'équivoque entre vous et moi.

Je ne suis pas un ambitieux qui rêve tantôt l'empire et la guerre, tantôt l'application de théories subversives. Elevé dans les pays libres, à l'école du malheur, je resterai toujours fidèle aux devoirs que m'imposeront vos suffrages et les volontés de l'Assemblée.

Si j'étais nommé président, je ne reculerais devant aucun danger, devant aucun sacrifice pour défendre la société si audacieusement attaquée ; je me dévouerais tout entier, sans arrière-pensée, à l'affermissement d'une République sage par ses lois, honnête par ses intentions, grande et forte par ses actes.

Je mettrais mon bonheur à laisser, au bout de quatre ans, à mon successeur, le pouvoir affermi, la liberté intacte, un progrès réel accompli.

Quel que soit le résultat de l'élection, je

m'inclinerai devant la volonté du Peuple, et mon concours est acquis d'avance à tout gouvernement juste et ferme qui rétablisse l'ordre dans les esprits comme dans les choses; qui protége efficacement la religion, la famille, la propriété, bases éternelles de tout état social; qui provoque les réformes possibles, calme les haines, réconcilie les partis, et permette ainsi à la patrie inquiète de compter sur un lendemain.

Rétablir l'ordre, c'est ramener la confiance pourvoir par le crédit à l'insuffisance passagère des ressources, restaurer les finances.

Protéger la religion et la famille, c'est assurer la liberté des cultes et la liberté de l'enseignement,

Protéger la propriété, c'est maintenir l'inviolabilité des produits de tous les travaux; c'est garantir l'indépendance et la sécurité de la possession, fondements indispensables de la liberté civile.

Quant aux réformes possibles, voici celles qui me paraissent les plus urgentes.

Admettre toutes les économies qui, sans désorganiser les services publics, permettent la diminution des impôts les plus onéreux au peuple; encourager les entreprises qui, en développant les richesses de l'agriculture, peuvent, en France et en Algérie, donner du travail au bras inoccupés; pourvoir à la vieillesse de travailleurs par des instiutions de prévoyance introduire dans nos lois industrielles les améliorations qui tendent, non à ruiner le riche au profit du pauvre, mais à fonder le bien être de chacun sur la prospérité de tous ;

Restreindre dans de justes limites le nombre des emplois qui dépendent du pouvoir, et qui souvent font d'un peuple libre un peuple de solliciteurs ;

Eviter cette tendance funeste qui entraîne l'Etat à exécuter lui-même ce que les particuliers peuvent faire aussi bien et mieux que lui. La centralisation des intérêts et des entreprises est dans la nature du despotisme.

La nature de la République repousse le monopole.

Enfin, préserver la liberté de la presse des deux excès qui la compromettent toujours : l'arbitraire et sa propre licence.

Avec la guerre, point de soulagement à nos maux. La paix serait donc le plus cher de mes désirs. La France, lors de sa première révolution a été guerrière, parce qu'on l'avait forcée de l'être. A l'invasion, elle répondit par la conquête. Aujourd'hui qu'elle n'est pas provoquée, elle peut consacrer ses ressources aux améliorations pacifiques, sans renoncer à une politique loyale et résolue. Une grande nation doit se taire, ou ne jamais parler en vain.

Songer à la dignité nationale, c'est songer à l'armée dont le patriotisme si noble et si désintéressé a été souvent méconnu. Il faut, tout en maintenant les lois fondamentales qui font la force de notre organisation militaire, alléger et non aggraver le fardeau de la conscription. Il faut veiller au présent et à l'avenir non seulement des officiers, mais aussi des sous-officiers et soldats, et préparer aux hommes qui ont servi longtemps sous les drapeaux une existence assurée.

La République doit être généreuse et avoir foi dans son avenir, aussi, moi qui ai connu l'exil et la captivité, j'appelle de tous mes vœux le jour où la patrie pourra sans danger faire cesser toutes les proscriptions et effacer les dernières traces de nos discordes civiles.

Telles sont, mes chers concitoyens, les idées que j'apporterais dans l'exercice du pouvoir, si vous m'appeliez à la présidence de la République.

La tâche est difficile, la mission immense, je le sais ! Mais je ne désespérerai pas de l'accomplir en conviant à l'œuvre, sans distinction de parti, les hommes que recommandent à l'opinion publique leur haute intelligence et leur probité.

D'ailleurs, quand on a l'honneur d'être à la tête du peuple français, il y a un moyen infaillible de faire le bien c'est de le vouloir.

Nommé président de la République, par une majorité immense (près de six millions de voix), Louis-Napoléon prêta serment à l'Assemblée

nationale, dans la séance du 20 décembre ; puis
d'une voix ferme, il dit :

« Les suffrages de la nation et le serment que
» je viens de prêter commandent ma conduite
» future. Mon devoir est tracé ; et je le rempli-
» rai en homme d'honneur.

« Je verrai des ennemis de la patrie dans
» tous ceux qui tenteraient de changer, par des
» voies illégales, ce que la France entière a
» établi.

» Entre vous et moi, citoyens représentants,
» il ne saurait y avoir de véritables dissenti-
» ments. Nos volontés, nos désirs sont les
» mêmes.

» Je veux, comme vous, rasseoir la société
» sur ses bases, affermir les institutions démo-
» cratiques, et rechercher tous les moyens
» propres à soulager les maux de ce peuple gé-
» néreux et intelligent qui vient de me donner
« un témoignage si éclatant de sa confiance.

» La majorité que j'ai obtenue, non-seule-
» ment me pénètre de reconnaissance, mais
» elle donnera au Gouvernement nouveau la
» force morale sans laquelle il n'y pas d'au-
» torité.

» Avec la paix et l'ordre, notre pays peut se
» relever, guérir ses plaies, ramener les hom-
» mes égarés et calmer les passions.

« Animé de cet esprit de conciliation, j'ai
» appelé près de moi des hommes honnêtes,
» capables et dévoués au pays, assuré que,

» malgré les diversités d'origine politique, ils
» sont d'accord pour concourir avec vous à l'ap-
» plication de la Constitution, au perfectionne-
» ment des lois, à la gloire de la République.

» La nouvelle administration, en entrant aux
» affaires, doit remercier celle qui la précède
» des efforts qu'elle a faits pour transmettre le
» pouvoir intact, pour maintenir la tranquil-
» lité publique.

» La conduite de l'honorable général Cavai-
» gnac a été digne de la loyauté de son carac-
» tère et de ce sentiment du devoir qui est la
» première qualité du chef d'un État.

» Nous avons, citoyens représentants, une
» grande mission à remplir, c'est de fonder une
» République dans l'intérêt de tous, et un gou-
» vernement juste, ferme, qui soit animé d'un
» sincère amour du progrès sans être réaction-
» naire ou utopiste.

» Soyons les hommes du pays, non les hom-
» mes d'un parti, et, Dieu aidant, nous ferons
» du moins le bien si nous ne pouvons faire
» de grandes choses. »

Quelques instants après, des salves d'artillerie annonçaient l'installation du neveu de
l'empereur à l'Elysée national. Dieu le garde !
et que ses desseins s'accomplissent !

L'ÉCHO DE LA FRANCE.

A LOUIS NAPOLÉON.

Louis, suis ton heureux modèle ;
Sois fort, juste, grand comme lui !
Le peuple à gouverner t'appelle,
Du peuple tu seras l'appui,
Au nom sacré de la patrie,
On tire pour toi le canon.
En chœur toute la France crie :
Vive à jamais Napoléon !

LES TROIS GRENADIERS.

AIR : *Guide nos pas, ô Providence.*

PREMIER GRENADIER.

Quoi ! pour président on nous donne
Du-p'tit caporal le neveu ?
Ce triomphe point ne m'étonne,
L'oncle était l'ami du bon Dieu.

Sans l'appui de la Providence.
Eût-il culbuté l'univers !
Je sais qu'il perdit la puissance ;
Mais en héros, il mourut dans les fers.

DEUXIÈME GRENADIER.

C'est vrai : mais moi, Richard, je gage,
Que saltimbanques d'autrefois,
Tour à tour voudront rendre hommage
Au neveu du faiseur de rois.
Qu'il sache donc avec prudence
Juger, connaître les pervers ;
Napoléon pleura la France ;
Mais en héros, il mourut dans les fers.

TROISIÈME GRENADIER.

Que Louis sans cesse rappelle
Et les vertus et la valeur
De l'homme à la gloire immortelle
Qui fut notre grand empereur ;
Que Louis, par la bienfaisance,
Guérisse aussi nos maux divers !
Qu'il dise, en pesant l'inconstance :
« Mais en héros, il mourut dans les fers ! »

A L'ELU DE LA NATION.

AIR : *De la Colonne.*

Martyr d'une royale haine,
Salut, glorieux exilé !
Le peuple, libre de sa chaîne,
Vers lui t'a soudain rappelé. (*bis.*)
Croyant manquer d'expérience
Pour suivre ses nouveaux destins,
Sans crainte il dépose en tes mains
La gloire et l'honneur de la France. (*ter.*)

Aux guirlandes de sa victoire
Enlace des lauriers nouveaux,
A la gloire ajoute la gloire
Pour en décorer nos drapeaux.
A ta carrière qui commence
Imprime un cachet radieux,
Et fais respecter en tous lieux
La gloire et l'honneur de la France. (*ter.*)

Ne ralentis pas ton ouvrage,
Car le peuple a sur toi les yeux ;
Ce peuple aura force et courage,
Mais il fut longtemps malheureux.
Gagne sa foi, sa confiance,

Chaque jour il te bénira :
En l'aimant ton cœur aimera
La gloire et l'honneur de la France. (*ter.*)

La paix est un bien salutaire
Pour notre jeune liberté,
Et sous son ombre tutélaire
Son arbre saint est abrité.
Mais si de notre indépendance
L'Europe osait nier les droits,
Ne laisse pas ternir deux fois
La gloire et l'honneur de la France. (*ter.*)

D'une naissante République
Protége l'essor généreux,
Et qu'une sage politique
Nous annonce des jours heureux.
Songe à notre antique puissance,
Exhume-la de son cercueil,
Et pare de leur vieil orgueil
La gloire et l'honneur de la France. (*ter.*)

Songe au vainqueur des Pyramides,
Ce souvenir t'inspirera,
Et sa grande ombre aux Invalides
A tes succès applaudira.
Le peuple fut sa jouissance,
Et même, au moment d'expirer,

Sa voix sut encor murmurer
La gloire et l'honneur de la France. (*ter.*)

A LA FRANCE

Air : *T'en souviens-tu ?*

France, pour toi quel beau soleil se lève !
Je vois déjà tes lauriers refleurir.
La République, arbrisseau plein de sève,
Couve des fruits qui bientôt vont mûrir ;
Mais pour prétendre à ce brillant prodige ,
Il lui manquait un appui paternel.
Napoléon va cultiver sa tige...
Napoléon, c'est l'envoyé du Ciel.

Combien ce nom enfanta de miracles !
Combien ce nom produisit de grandeurs !
Comme la foudre il brise les obstacles,
Et les enfants avec lui sont vainqueurs.
Ce nom sacré, chéri de la victoire,
De nos succès ce symbole immortel,
France, bientôt rajeunira ta gloire ;
Napoléon, c'est l'envoyé du Ciel.

Hier encor, dans leur ardeur frivole,
Des intrigants dont tu connais le prix,

France, voulaient briser ta chère idole ;
Qu'ont-ils gagné ? la honte et le mépris.
Tes nobles fils dont la reconnaissance
Voue au grand homme un respect éternel,
En sa faveur fit pencher la balance ;
Napoléon, c'est l'envoyé du Ciel.

Mais, dira-t-on, votre élu n'est que l'ombre
De ce génie objet de votre amour,
Il ne pourra jamais sous un ciel sombre
D'un soleil pur ramener le retour.
Erreur ! Bientôt de sa douce influence
Nous recevrons le gage solennel :
Nous lui devrons la paix et l'abondance ;
Napoléon, c'est l'envoyé du Ciel.

Du diamant glorieuse étincelle,
En y puisant toujours de nouveaux feux,
Sur les destins de la France nouvelle
Il répandra ses rayons lumineux.
Bientôt ses soins, voués à la patrie,
De mille fleurs pareront son autel.
Salut ! salut ! à ce nouveau Messie ;
Napoléon, c'est l'envoyé du Ciel.

Unissons-nous ; la discorde publique
Dans leurs complots favorise les rois ;
Mais l'union, ce bouclier magique

Met à couvert nos invincibles droits.
Quand du bonheur sur nous l'étoile brille,
Frères, signons un pacte fraternel,
Et bénissons notre chef de famille;
Napoléon, c'est l'envoyé du Ciel.

LA FRANCE A LOUIS-NAPOLÉON.

Air : *L'Étendard aux triples couleurs.*

Depuis longtemps ma grandeur souveraine
N'était qu'une ombre aux yeux de l'univers;
Mais libre enfin je suis républicaine,
Et mes enfants ont brisé mes vieux fers.
Pourtant j'éprouve au sein de ma victoire,
Pour mon drapeau quelques justes frayeurs.
    Napoléon, sauve ma gloire !
    Fais respecter mes trois couleurs !

Quand mon honneur et mon indépendance
Cherchaient naguère une paternité,
Pour te donner ma noble préférence,
Tu le sais bien, je n'ai pas hésité.
Aussi tu dois en garder la mémoire,
Et dès demain mettre un terme à mes pleurs.
    Napoléon, sauve ma gloire !
    Fais respecter mes trois couleurs !

Aux yeux de tous, rends mon choix légitime,
De toi j'attends un généreux retour,
Montre-toi franc, loyal et magnanime,
Sois aussi franc que le fut mon amour.
Rends des méchants la critique illusoire,
Par tes vertus mérite mes faveurs.
      Napoléon, sauve ma gloire !
      Fais respecter mes trois couleurs !

En février, l'affreuse tyrannie
A fui tremblante au seul bruit de mes pas ;
Fais que l'éclat de ma nouvelle vie
Entre tes mains ne s'obcurcisse pas.
Je t'ai tracé dans ma nouvelle histoire
Un beau chemin semé de mille fleurs.
      Napoléon, sauve ma gloire !
      Fais respecter mes trois couleurs !

Aime la paix, mais ne fuis pas la guerre,
Si ma grandeur t'appelait au combat :
Si l'olivier rend un peuple prospère,
Souvent il faut qu'un peuple soit soldat.
A mon honneur on ne pourrait plus croire
Si tu courbais devant des oppresseurs.
      Napoléon, sauve ma gloire !
      Fais respecter mes trois couleurs !

De mes enfants sois l'appui tutélaire ;
Veille sur eux, songe à leur dignité :
D'un peuple grand sois fier d'être le père,
Défend ses droits, défend sa liberté.
Que ta voix libre, au milieu du prétoire,
En résonnant soit l'écho des grands cœurs.
    Napoléon, sauve ma gloire !
    Fais respecter mes trois couleurs !

———

PLUTOT LE MARTYRE !

Air :! *Des Girondins.*

Un peuple entier vient donc d'élire
Un vrai descendant du héros ;
Aussi nos voix peuvent bien dire,
Sans redouter lointains échos :
    La gloire et l'espérance
Enflamment aujourd'hui les enfants de la France.

Plus de discorde et plus de haine,
Soyons frères, soyons amis ;
Si la tempête se déchaîne
Que nos efforts soient réunis.
    La gloire et l'espérance
Enflamment aujourd'hui les enfants de la France.

Napoléon ; de l'empyrée,
Contemple nos tristes débats :
« Hélas, dit-il, flamme sacrée
Sait inspirer d'autres combats ? »
La gloire et l'espérance
Enflamment aujourd'hui les enfants de la France.

« Que mon neveu soit pacifique ;
Mais qu'il ne recule jamais !
Pour défendre la République
Qu'il se montre toujours Français ! »
La gloire et l'espérance
Enflamment aujourd'hui les enfants de la France.

« Une cabale en son délire
Renouvelle ses noirs complots ;
Mon neveu, plutôt le martyre
Qu'une tache sur nos drapeaux ! »
La gloire et l'espérance
Enflamment aujourd'hui les enfants de la France.

ÉLECTION

DU PRÉSIDENT DE LA RÉPUBLIQUE.

D'utopistes rêveurs une troupe frivole
Voulait nous imposer naguère son idole,

Et semblait menacer de son enfer nouveau,
Qui ne marcherait pas sous son naissant drapeau;
Même leur vanité, dans sa folle insolence,
Allait jusqu'à régler les destins de la France.
Mais, en leur imposant sa volonté d'airain,
Le peuple, esclave hier, aujourd'hui souverain,
D'une voix qui commande aux voix les plus re-
[belles,
A fini sans effort leurs petites querelles,
Et, laissant ces païens bâtir leur Panthéon,
A nommé président Louis-Napoléon.

Ce choix intelligent honore son génie :
Il connaissait trop bien les maux de la patrie
Et les funestes coups portés à sa grandeur,
Pour ne pas obéir à la voix de l'honneur.
Quel autre nom, du reste, en consultant l'his-
[toire,
Mieux que Napoléon méritait cette gloire?
Est-il, de bonne foi, sous la voûte des cieux,
Un nom plus saint, plus grand, plus beau, plus ra-
[dieux?

Croyez-moi, faux esprits, qu'aveugle le délire,
N'allez pas vous heurter au géant de l'Empire;
Et, muets spectateurs devant son piedestal,
Laissez planer en paix le héros colossal.

Les rois étaient jadis plus prompts à se soumettre,
Et n'auraient pas rougi de l'appeler leur maître.
Ce que firent les rois blesse donc votre orgueil?
Insensés! secouant les liens du cercueil,
Si son ombre, demain rendue à la lumière,
Se parait un moment de sa beauté première,
Cette ombre, apparaissant à vos regards jaloux,
D'un seul de ses rayons vous inonderait tous,
Et, contemplant alors cette grande figure,
Vous lui demanderiez pardon de votre injure.

Oh! pourquoi donc les morts ne reviennent-ils pas!
Plus d'un lâche, baisant la trace de ses pas,
Après avoir, cent fois, noirci sa noble image,
S'honorerait encor d'un superbe esclavage.
Pourtant, ces cœurs de boue, au mot de liberté,
Reniant sans pudeur son immortalité,
Si l'éclat de son nom n'était pas si notoire,
Oseraient le priver même d'un peu de gloire,
Et trouvent que chez lui le titre d'empereur
Ne sert qu'à déguiser un barbare oppresseur.
Mais que fait au héros qu'on noircisse sa vie!
Hôte immortel des cieux, il peut braver l'envie;
Et, follement lancé vers un but trop lointain,
Le trait retombe à terre et s'émousse soudain;
Et puis d'un peuple entier l'amour pieux et tendre

Dans ce dernier combat ne s'est pas fait attendre,
Quand sa voix unanime en ses puissants transports,
De l'intrigue brisa les ignobles ressorts.
Voyant que des méchants dans leur obscur vertige
Maudissaient l'arbre mort , il raviva la tige,
Tige pleine de sève et qui pour le pays ,
Même dans son printemps, portera de beaux fruits.
— Mais l'Empereur n'est plus , et chercher à l'at-
                                        [teindre ,
C'est le rêve d'nn fou que la pitié doit plaindre.
J'en conviens , de son siècle éblouissant fanal ,
Le grand homme en mourant n'a point laissé d'é-
                                        [gal ;
Mais autour du soleil luit plus d'un satellite ,
Et le suivre de loin est encore un mérite.

L'OMBRE DE L'EMPEREUR

ALLANT VISITER SON NEVEU.

(21 septembre 1848.)

Sur Paris endormi tintait la douzième heure,
Lorsque, hier, dans les flancs de la noble demeure

2

Où de nos vétérans reposent les débris,
Une immense clarté frappe les yeux surpris,
Bientôt, se dissipa le lumineux fantôme
Et l'ombre reparut sous les arceaux du dôme.
Mais qui vient de passer en laissant après soi
Un charme surhumain qui tient l'âme en émoi ?
D'où vient donc, qu'ébranlé devant le phénomène,
Sur sa base a frémi le colossal domaine?
Partout règne en son sein une morne stupeur...
Pour la première fois nos grognards ont eu peur !
Reposez sans effroi, héros chers à Lutèce :
L'ombre de l'empereur, votre immortelle hôtesse,
L'objet de votre amour, de votre unique vœu,
Est allée un instant visiter son neveu.
Vous n'avez donc pas su reconnaître la trace
Et dire en la voyant : c'est le soleil qui passe?
Attendre son retour avant qu'il soit demain.

Cependant l'ombre agile est au bout du chemin.
Le désir d'arriver la presse, la talonne,
D'un seul bond elle arrive au pied de la colonne,
Et le soldat qui veille a dit qu'en ce moment,
Les héros ciselés de ce fier monument,
Avec l'aigle plaintif, oiseau tendre et fidèle,
Semblaient se détacher pour accourir vers elle...
O gloire ô souvenir de nos anciens combats !
J'ose à peine de vous m'entretenir tout bas.

Taisez vous dans mon cœur, du moins dans cet asile,
Lorsque plus d'un ingrat loin du sien vous exile,
A votre culte saint en consacrant mes jours,
Je pourrai sans danger vous adorer toujours.

L'ombre sourit joyeuse à ses vieux frères d'armes,
Les nomme tous, et puis de baisers et de larmes,
Leur offre en s'éloignant un généreux tribut,
Et moite encor d'amour elle arrive à son but.
En voyant étendu sur un lit solitaire
Un noble descendant du vainqueur de la terre,
En contemplant ses traits nobles et gracieux
Qu'il aurait cru trouver inquiets, soucieux,
Sur ce visage pur qu'un doux calme décore
Elle penche ses yeux pour mieux le voir encore,
Retenant ses soupirs de peur de l'éveiller;
Puis, s'éloignant un peu de son humble oreiller :

» A l'heure où de l'intrigue en sa noire officine,
Le cauchemar du vote oppresse la poitrine,
Où dans un rêve lourd, des millions de voix
L'assourdissent d'un nom qui la met aux abois,
Au moment solennel où libre enfin, la France
Va peser ses élus dans sa juste balance.
Comme il repose en paix ! on dirait à le voir,
Que son âme est fermée à la crainte, à l'espoir,
Et quelle accepterait l'honneur que chacun quête

Comme un devoir sacré, non comme une conquête.
Pauvre enfant ! se peut-il que son nom, ses mal-
heurs,
Son amour pour la France et ses nobles couleurs ;
Se peut-il que ma gloire, à moins qu'on la conteste,
Incomparable gloire et que l'Europe atteste,
Que mon Code immortel, que mes bienfaits, enfin
Le martyre éclatant qui couronna ma fin,
Lorsque de ces splendeurs mon pays libre hérite.
Ne puissent à Louis donner quelque mérite?
France ! crois-tu devoir à ton grand empereur?
Je cède ma créance à l'objet de mon cœur.
Ah ! du vent d'Albion quand la perfide haleine
Me traîna vers le roc affreux de Sainte-Hélène.
Quand je me vis captif, moi, dans ce dur séjour,
Je crus que les Francais m'en tiendraient compte]
[un jour.
Mais, que dis-je ? pourquoi ma tendresse craintive,
A douter de leur cœur est-elle si hâtive,
Et croit-elle qu'un peuple, éclairé, généreax,
Voudra courber toujours sous un joug onéreux?
Non ; sous trop de douleurs son cœur épuisé saigne ?
Il reprendra mon nom pour lui servir d'enseigne,
Tu seras président, Louis ! » Ces forts accents
Du jeune Bonaparte ont eveillé les sens,
Qui, contemplant muet, l'ombre qu'il croit un songe
D'un œil reconnaissant caresse le mensonge ;

Mais bientôt son instinct a dissipé l'erreur :
« Quoi ! c'est vous que je vois ? c'est vous mon
[empereur ?
C'est moi-même ; un instant j'ai quitté ma chapelle
Pour un cher intérêt qui près de toi m'appelle.
Eclairé cette nuit par un avis certain,
Je viens te révéler ton glorieux destin.
Demain tu seras chef de notre République.
Laisse aller en avant dans leur sentier oblique
Tes rivaux que Dieu même égare loin du port,
La France ta choisi, t'appelle avec transport.
Mais, lorsque de l'État ta main tiendra les rênes
Ne va pas t'endormir aux doux chants des syrènes,
Sois bon républicain, sois-le de bon aloi,
Ecarte les flatteurs, n'écoute que la loi,
Et, jaloux de calmer sa trop longue souffrance,
Travaille nuit et jour au bonheur de la France,
Puis, à ton successeur tu diras glorieux :
Vous pouvez faire autant, mais jamais faire mieux. »

L'ombre alors disparut, en laissant dans l'extase,
Louis tout pénétré de la dernière phrase,
Et d'un rapide vol, qui ne craint pas l'écueil,
Elle alla regagner son paisible cercueil.

———

MÊME SUJET.

AIR : *D'Octavie.*

Mon cher neveu, tu revois la patrie ;
Tu peux fouler le sol que j'aimais tant !
De toutes parts la France enfin s'écrie :
« Le vœu du peuple est seul un vœu constant. »

Aux plus beaux jours de ma brillante gloire,
Pour moi le peuple inventait des concerts ;
Plus tard, hélas ! trahi par la victoire,
Le peuple seul me plaignit dans les fers.

Quinze ans on dit : « C'est l'arbitre du monde ! »
Quinze ans l'Europe aurait traîné mon char ;
Les rois d'alors m'encensaient à la ronde ;
Pour tous j'étais Alexandre ou César.

J'aurais voulu pacifier la terre ;
Faire bénir mon nom et les Français ;
Mais Albion, aveugle en sa colère,
Ne recula devant aucuns forfaits.

Pour arrêter nos triomphes rapides,
Elle semait la haine avec son or ;
Trompés partout, de notre sang avides,
Peuples et rois se montrèrent d'accord.

J'ai su, volant d'Egypte en Italie,
Ceindre mon front de lauriers immortels ;
Un jour j'ai pu comprimer l'anarchie
Et du vrai Dieu relever les autels.

Victorieux, jamais de la puissance
On ne me vit faire odieux abus ;
Offrant ma main et l'amour de la France,
Je dis à ceux que nous avions vaincus :

Ne formons plus qu'une seule famille,
Soyons unis et répétons en chœur :
« Au lieu du sabre employons la faucille,
« Et de la paix proclamons la douceur. »

De mes efforts quelle fut donc l'issue ?
L'Europe en feu repoussa mon désir ;
Après avoir vingt fois été vaincue,
Vingt fois armée on la vit revenir.

Dupe souvent d'une noble clémence,

Je fus contraint d'exposer nos soldats :
De nos enfants partageant la souffrance,
Je sus comme eux mépriser le trépas.

Mais tout à coup ma tête couronnée,
Dut se courber devant l'arrêt des cieux ;
Pour renverser ma haute destinée,
Le Nord lâcha l'aquilon furieux.

Puis, pas à pas, défendant la patrie ;
Et chaque jour craignant la trahison,
Je sus encor, dans une lutte impie,
Porter aux cieux la gloire de mon nom.

Bien malgré moi, prolongeant une guerre
Qui désolait le cœur de mes Etats,
L'Europe enfin se montra plus altière,
Et mes hauts faits ne me pardonna pas.

Dans sa fureur l'exil fut mon partage ;
Elle oublia, que moi vainqueur cent fois,
Je sus toujours respecter le courage
Et voir Porus dans le moindre des rois.

Selon mes vœux, au milieu de mes braves,
Ma cendre enfin a trouvé le repos ;

Du haut des cieux j'aime à voir leurs fronts graves
Briller d'amour en citant nos travaux.

Mais quel transport, en ce moment m'agite ;
Quel doux triomphe après tant de chagrins ?
Pour les venger, de la France l'élite,
A mon neveu remet tous ses destins.

Mon cher Louis, soutiens la République ;
Jamais ne songe à rompre ton serment ;
Elu soudain par un peuple héroïque,
Sache remplir ton rôle dignement.

Un héros même est à peine d'argile,
Lorsqu'il écoute un moment les flatteurs ;
Veux-tu grandir et te montrer habile !
Des malheureux partout sèche les pleurs.

LOUIS NAPOLÉON.

A

L'OMBRE DE SON ONCLE.

Air : *Du pénible service.*

Ombre chérie, ombre du grand héros,
Viens m'inspirer du feu de ta pensée ;

De moi, la France attend nobles travaux,
Et le retour de sa gloire éclipsée.
Moi-même, instruit par mes propres douleurs,
Longtemps proscrit, longtemps privé de gloire,
Des malheureux en essuyant les pleurs,
En secourant les pauvres travailleurs,
Je puis honorer ta mémoire.

Par tant de voix proclamé président,
Je veux servir, je veux sauver la France.
Est-on moins brave en se montrant prudent ?
Roland lui-même eût-il toujours sa lance ?
En célébrant les douceurs de la paix,
Il faut songer aux rives de la Loire :
Ce deuil, hélas ! ne s'efface jamais,
Waterloo..... mon oncle en bon Français,
Je puis honorer ta mémoire.

Si cependant, au signal de l'honneur,
Il me fallait défendre la patrie,
On me verrait, digne de ta valeur,
Aux champs de Mars sacrifier ma vie.
Par mon amour envers la liberté,
J'ose espérer de vivre dans l'histoire ;
Heureux cent fois, heureuse ma bonté,
Si soulageant partout l'humanité,
Je puis honorer ta mémoire.

AU PRÉSIDENT DE LA RÉPUBLIQUE.

Air : *Lionne défends les petits.*

La France en deuil même après sa victoire,
Pleurant, hélas ! sur de sanglants lauriers,
Napoléon, t'a confié sa gloire
Et l'avenir de ses dignes guerriers.
Réponds, réponds à ce cri de souffrance !
Le Ciel, un jour t'en récompensera.
Notre patrie a perdu l'espérance...
    Honneur ! à qui la lui rendra.

Lorsque, jadis, flottait sur la frontière
Notre drapeau, l'effroi des ennemis,
On l'appelait l'invincible bannière,
Les rois vaincus s'abritaient sous ses plis.
Napoléon, vois quelle différence ;
C'est maintenant à qui l'insultera !
Et notre armée a perdu l'espérance...
    Honneur ! à qui la lui rendra.

En ce temps là, le canon des batailles
N'enchaînait pas nos beaux arts généreux.
Et le commerce, au sein de nos murailles

Alimentait les bras laborieux.
Napoléon, le peuple recommence
A ressentir la faim qui le mina,
Et l'ouvrier a perdu l'espérance...
　　Honneur! à qui la lui rendra.

Si le colon fut toujours tributaire,
Du moins, jadis, en traçant son sillon,
Il se disait, riant de sa misère :
« J'aurai ma part quand viendra la moisson. »
Mais quand l'impôt grève son indigence
Bientôt le grain au sillon manquera !
Le laboureur a perdu l'espérance...
　　Honneur! à qui la lui rendra.

En février, la vertu, le mérite
Devaient prétendre aux grades, aux emplois ;
Mais l'intrigant, le sot et l'hypocrite
Obtinrent seuls les faveurs et les croix.
Napoléon, l'honneur enfin s'offense
Du ris moqueur qui toujours l'accabla ;
Et le talent a perdu l'espérance...
　　Honneur! à qui la lui rendra.

Nos députés dans leur ardeur civique,
Quand notre choix daigna les honorer,
Promirent tous d'aimer la République,
Nul ne devait jamais s'en séparer.

Napoléon, rends dignes de la France
Ceux que bientôt la France choisira.
Le pauvre peuple a perdu l'espérance...
Honneur! à qui la lui rendra.

ENCORE UN SAUVEUR !

Air : *De la République.*

Chacun épris d'amour patriotique,
Semblait céder aux plus nobles penchants ;
Pourquoi soudain, au lieu d'un air bachique,
Ne plus chercher que de lugubres chants ?
Napoléon, par son rare courage,
Par son génie et ses divers exploits,
Ne sut-il pas préserver du naufrage
La France jadis aux abois ?

Sur son neveu quelle ombre magnanime,
Du haut des cieux plane et vient l'inspirer ?
Louis peut-il d'un souffle aussi sublime
Ne pas sentir ce qui nous fait vibrer ?
C'est avec foi, comme un heureux présage,
Qu'on doit porter le nom du conquérant :
Ne sut-il pas préserver du naufrage
La France qu'il chérissait tant ?

Plus tard, hélas ! lé deuil couvrit la France ;
Mais le géant lutta seul sans pâlir ;
N'espérant plus finir notre souffrance,
Il voulut seul être le grand martyr.
L'Europe entière appelée au partage,
D'exil frappa son généreux vainqueur ;
Ne sut-il pas préserver du naufrage
   La France en proie à la douleur ?

AU NEVEU DU GRAND HOMME.

Air : *Les Lanciers Polonais.*

Un peuple entier te convie et t'appelle,
  Viens terminer ses affronts et ses maux ;
Tu peux gagner la palme la plus belle
En présidant à ses destins nouveaux.
La République a foi dans ta puissance,
Noble héritier du grand Napoléon.
  Sois toujours digne de la France !   (bis.)
  Sois toujours digne de ton nom !

Quand le pays t'a choisi pour son guide,
Avec orgueil accepte cet emploi :
Sois son conseil, son soutien, son égide,
Aime l'honneur, fais respecter la loi.

Et si tu veux que sa reconnaissance
Te donne accès dans ton beau Panthéon,
   Sois toujours digne de la France,
   Sois toujours digne de ton nom.   *(bis.)*

D'un peuple neuf qui sort de l'esclavage
Viens modérer la bouillante fierté ;
Que par tes soins il fasse un bon usage
De sa victoire et de sa liberté.
Instruis son cœur à chérir la clémence ;
Elle ennoblit la force du lion.
   Sois toujours digne de la France,
   Sois toujours digne de ton nom.   *(bis.)*

Quand l'artisan demande avec noblesse
Dans son grenier du travail et du pain,
Oh ! n'attends pas qu'une longue détresse
Fasse germer la haine dans son sein.
Dieu seul connaît ce que peut sa démence
Lorsque la faim égare sa raison...
   Sois toujours digne de la France !
   Sois toujours digne de ton nom !   *(bis.)*

Souviens-toi bien, qu'autrefois, l'homme-gloire
N'aima rien tant que le peuple français.
Tes yeux émus, en parcourant l'histoire
S'attendriront sur ses nobles bienfaits.

Imite au moins sa douce bienfaisance,
Si tu ne peux atteindre ses bienfaits.
Sois toujours digne de la France !
Sois toujours digne de ton nom !   (*bis.*)

Mais ton grand cœur (le nôtre le devine)
Ne voudra pas, au mépris de nos pleurs,
Dégénérer de sa haute origine,
Lorsque pour nous les lauriers sont en fleurs.
Hâte-toi donc ; par ta douce influence,
Fais-en mûrir la brillante moisson.
Sois toujours digne de la France !
Sois toujours digne de ton nom !   (*bis.*)

CONSEILS DE NAPOLÉON A SON NEVEU.

Air : *Des Soldats du progrès.*

Prends, ô mon fils, la gloire pour modèle,
Par elle seule, on gagne tous les cœurs.
Dans ses sentiers jonchés de fleurs,
Tout bon Français (*bis*) marche avec elle.
Jeune héros, toujours seul et sans garde,
Va, ne crains rien, le peuple te regarde
Car il demande à ton front radieux

La douce aisance et des jours glorieux.
    Il attend tout de ton génie.
    Ta voix électrise ses sens ;

Va donc (*bis*) va donc lui porter tes accents.
Prends, ô mon fils, la gloire, etc.
Ranime aussi les arts et l'industrie
Qui font fleurir notre chère patrie,
Et chaque jour, répandent leurs bienfaits
En ramenant l'abondance et la paix.
    Que l'artisan dans sa chaumière
    Ne redoute plus la misère,
    Que tous les Français soient heureux,
    Amis, frères et vertueux.

Prends, ô mon fils, la gloire, etc.
Ah ! sois toujours pour eux un tendre père,
Console-les, soulage leur misère ;
Autour de toi, groupe tous tes enfants,
Sèche leurs pleurs, calme tous leurs tourments.
    Que ta voix soit consolatrice,
    Tends-leur une main protectrice ;
    Il n'est pas de plus grand bonheur,
    Que de secourir le malheur.

Prends, ô mon fils, la gloire, etc.
Qu'en tous pays désormais on te cite

Pour tes vertus, ta gloire et ton mérite
L'amour du peuple est l'appui le plus fort ;
Car il nous reste encore après la mort.
Ainsi quand la parque cruelle
Ravira ton âme si belle,
Tu laisseras avec ton nom
La gloire et l'honneur pour renom.
Prends, ô mon fils.

NE TUONS PAS LA RÉPUBLIQUE.

AIR : *La Neige*. (ÉMILE DEBREAUX.)

Peuple français, depuis quatre-vingt-neuf,
La liberté dont tu crus voir l'aurore,
Resta toujours prisonnière dans l'œuf.
L'aigle et le coq n'ont pu la faire éclore.
De sa coquille elle surgit enfin,
Sous la moiteur d'un plus doux calorique,
Laissons la croître et faire son chemin ;
Et, pour hâter son glorieux destin,
Ne tuons pas la République.

Comme l'oiseau que retient en son nid
La peur de choir en essayant ses ailes,

La Liberté, pour monter au Zénith,
Laisse grandir ses forces trop nouvelles.
Oui, nous verrons son vol majestueux
Sans le secours d'un zèle fanatique.
En attendant sés bienfaits précieux,
Sachons garder un calme généreux :
   Ne tuons pas la République.

Il est des cœurs au caprice inhumain,
Que vainement la voix de Dieu conseille,
Et dont les bras s'arment le lendemain
Pour renverser l'idole de la veille.
On accomplit le plus cher de leurs vœux,
Sans apaiser leur instinct famélique :
N'imitons pas ces ogres dangereux,
Qui, bien repus, mangent encor des yeux !...
   Ne tuons pas la République.

   Dieu par ta voix vient de se déclarer,
Peuple, sois fier de cette confiance :
Ton choix heureux va bientôt réparer
La brèche faite aux gloires de la France.
Napoléon, ce nom si révéré
Est du bonheur le signe symbolique ;
Après l'avoir si longtemps adoré,
Montrons-nous fiers de l'avoir recouvré :
   Ne tuons pas la République.

————

LES CINQ ÉPOQUES.

Air . *Le Retour en France.*

La musique se trouve chez M. Challiot, éditeur, rue Saint-Honoré, 352.

Un soir, assis sur les bords de l'Arno,
Un vieux soldat à la démarche fière
Versait des pleurs, et, penché sur les eaux,
Il contemplait la rive hospitalière
Servant d'asile au neveu du héros;
Puis, s'écriait : Je te bénis, Florence,
Conserve-lui la vie et le repos
A cet enfant, l'espoir de notre France. (*bis.*)

Plus tard il vit aux portes du pays,
Ce même enfant grandi pour la patrie,
Se rendre aux vœux de ses nombreux amis,
Porter l'espoir dans leur âme attendrie,
Briser leurs fers !... Hélas! il est trop tôt!
Dit le soldat; vas, retourne à Florence;
Grandis encore et goûte le repos,
En attendant que tu sauves la France. (*bis.*)

Un jour assis au bord de l'Océan,
Le vieux soldat vit débarquer dans l'ombre
Un preux guerrier!.. son cœur s'émut, son sang
Se glace! il tremble!. Repoussé par le nombre,
L'enfant chéri s'échappe au sein des eaux.
Il est trop tard!.. Ne vas pas à Florence,
Dit le soldat : Souffre comme un héros,
En attendant que tu sauves la France. (*bis.*)

Enfin l'aurore a vu briser ses fers!
Dès qu'il est libre, à genoux il s'écrie :
Faites, ô Ciel, que bientôt l'univers
Soit libre aussi; que ma chère patrie,
Pensant à moi, m'appelle à son secours :
Je ne veux plus retourner à Florence,
Je vais songer au bonheur de la France. (*bis.*)

Bientôt après, ses vœux sont accomplis,
Le vieux soldat au pied de la Colonne,
Avec bonheur s'agenouillait aussi :
Ciel! disait-il, le neveu du Grand-Homme
Est notre espoir; toute la nation,
Pour lui réclame, au sein de la souffrance,
Ton saint appui; sois sa protection,
Avec lui, veille au bonheur de la France. (*bis*).

—————

LES RELIGIEUSES MANTELLATES.

A LA FILLE DE L'EMPEREUR.

AIR : *J'ai pris malgré et j'ai caché mes peines.*

Musique de feu J. Vimeux. — La musique se trouve chez
M. Couvreur, éditeur, rue du Bac.

Dans quel séjour as-tu donc pris naissance,
Fille charmante aux regards imposants ?
A ton aspect dès ta plus tendre enfance,
Je vois pâlir le front des conquérants !
Viens-tu du ciel, divine messagère,
Viens-tu pour nous, prophète de bonheur,
Porter la joie et la paix sur la terre ?
Révèle-nous le secret de ton cœur.

Bonaparte, dans nos demeures sombres.
Daigne se rendre et charmer tes ennuis ;
Son regard d'aigle a dissipé les ombres
Qui t'assiégeaient pendant tes tristes nuits.
C'est que du ciel, divine messagère,
Tu veux goûter la paix et le bonheur.

Napoléon vient de quitter la terre,
Tu possèdes le secret de son cœur.

Tu n'as jamais, ô charmante Marie,
Connu les maux que cause la grandeur,
Car tu naquit bien loin de la patrie
Au sein des camps, au sein de la douleur.
Mais aujourd'hui, riante messagère,
Tu viens pour nous, prophète de bonheur,
Porter la joie et la paix sur la terre ;
Nous découvrons le secret de ton cœur.

Déjà le ciel exauce nos prières,
Rends à nos vœux le fils de ton sauveur.
Ton cher cousin au milieu de ses frères
Fait retentir le cri libérateur.
Ne reste plus sur la terre étrangère,
Reviens, reviens sous le ciel de bonheur.
Ici t'attend le sort le plus prospère,
La République a séché tous les pleurs.

L'ORPHELINE EXILÉE.

Air : *De la Bohéme*, (d'Auguste Alais.)

L'Autriché ou la Bohème
M'a-t-elle mise au jour?
Oh non ! c'est un blasphème,
Ma France, c'est toi-même
Que mon cœur aime
D'un éternel amour.   *bis.*

Mais loin de la patrie,
Dans ce sombre séjour,
Pourquoi passer ma vie?
La reverrai-je même,
Cette France que j'aime
D'un éternel amour.   *bis.*

On dit qu'un diadême
Pour fruit d'un tendre amour;
Fut promis à ma mère,
Et que mon noble père
Jure encor qu'il m'aime
un éternel amour.   *bis.*

Pourquoi loin de la France,
Laisse-t-il mon enfance
Sans espoir de retour ?
Mais non, c'est un blasphème,
Car on me dit qu'il m'aime   *bis.*
D'un éternel amour.

Console-toi, Marie,
Tu le verras un jour
Dans une autre patrie,
Et ceint d'un diadème ,
Car sois sûre qu'il t'aime   *bis.*
D'un éternel amour.

Le héros de la France
Qui t'a donné le jour,
Aussitôt ta naissance,
A juré pour toujours :
« O ma fille, que j'aime   *bis.*
D'un éternel amour. »

La fortune infidèle
Lui fut fatale un jour,
Et se montra cruelle :
Il perdit ce jour même
Celle que son cœur aime   *,bis.*
D'un éternel amour.

L'Autriche ou la Bohême
Ne m'a pas mis eu jour,
Oh non ! c'est un blasphème,
Ma France, c'est toi-même,
Que mon cœur aime
D'un éternel amour.   *bis.*

Note pour les deux chansons ci-dessus.

Les Mantellattes sont des religieuses qui habitent Florence : elles appartiennent toutes à des familles distinguées de l'Italie.

« Après la chute de l'Empire, l'ex-roi de Hollande, père de Louis-Napoléon Bonaparte, plaça dans ce couvent un être mystérieux qu'il dit être la fille d'un général tué sur le champ de bataille. Mais ses assiduités auprès de la jeune pensionnaire que l'on nommait Marie, ses tendres soins ses prévenances, son respect même, tout fit croire que Marie était autre chose que la fille d'un simple général. La vénération dont on l'entourait, le soin que l'on prenait d'éloigner d'elle tout ce que l'on croyait susceptible de lui donner des lumières sur sa naissance, sur ses parents, fortifia encore l'idée que l'on avait conçue, que cette jeune personne était la fille d'un puissant personnage. Enfin, dans ses relations fréquentes avec le clergé de Florence, l'ex-roi de Hollande laissa percer la vérité, et l'on sut que Marie était la fille de l'Empereur Napoléon. »

LA GRAND NAPOLÉON A LA FRANCE.

Air : *Le Vieux Sergent.*

Hier encor l'intrigue et la bassesse
Avec grand bruit se ruaient aux honnéurs;
Mais tes enfants que conduit la sagesse
Ont sans effort apaisé leurs fureurs.
Mon souvenir dont ils aiment la gloire
A dans leur cœur fait naître un doux émoi :
Mon nom encor est cher à ta mémoire,
France, merci ! tu te souviens de moi.

Quelques ingrats, oubliant mes services
Et soudoyés par des ambitieux,
Ont eu recours aux plus vils artifices
Pour m'abaisser et me rendre odieux.
Les insensés ! ils comptaient sans l'histoire;
Contre leurs coups elle eut force de loi :
Mon nom encor est cher à ta mémoire,
France, merci ! tu te souviens de moi.

Lorsque ton choix vient honorer ma race,
O mon pays ! tu ne me dois plus rien,
Et dans mon cœur ta loyauté depasse
Ce que pour toi j'ai pu faire de bien.
C'est aujourd'hui ma plus belle victoire,
Mon plus beau jour ; j'en jure sur ma foi !
Mon nom encor est cher à ta mémoire,
France, merci ! tu te souviens de moi

Peuples vaincus dont la vaine insolence
Depuis longtemps blesse notre fierté,
Pour vous dompter le revenant s'avance ;
Tremblez ! tremblez ! je suis ressuscité.
Votre défaite est dejà trop notoire,
Mon geste seul vous met en désarroi.....
Mon nom encor est cher à ta mémoire,
France, merci ! tu te souviens de moi.

O mon pays ! sois ce que tu dois être :
Grand autrefois, tu peux l'être aujourd'hui.
Mille lauriers pour toi peuvent renaître,
Car de nouveau ta bonne étoile a lui.
Non, ce n'est pas un espoir illusoire,
Tu peux fixer l'avenir sans effroi.
Mon nom encor est cher à ta mémoire,
France, merci ! tu te souviens de moi.

L'EMPEREUR A SON NEVEU.

AIR : *Gardez vos dieux, vos plaisirs et vos fers.*

Au doux aspect d'un peuple qui t'honore
D'aise et d'orgueil mon cœur a tressailli ;
Je le vois bien, la France m'aime encore,
Et dans les cœurs mon nom n'a pas vieilli.
Pour mériter une faveur si chère
Et lui payer ce noble attachement,
A ton pays tu dois ta vie entière :
Tu l'as juré, tu tiendras ton serment.

Si quelquefois l'éclat qui t'environne
Portait ombrage à quelques vanités,
Fort du pouvoir que le peuple te donne,
Calme et puissant, veille à ses libertés.
Pour l'univers qui déjà te contemple
Sois un utile et noble enseignement ;
De la vertu sois le vivant exemple.
Tu l'as juré, tu tiendras ton serment.

En relisant notre immortelle histoire,
Inspire-toi, grandis si tu le peux :
Immole tout à l'honneur, à la gloire,
Sois juste, humain et surtout généreux.
Rappelle-toi que toujours la clémence
Est d'un grand cœur le plus bel ornement ;
De ton pays deviens la providence.
Tu l'as juré, tu tiendras ton serment.

La paix promet un avenir prospère,
Mais, sans aimer la guerre comme moi,
Vole pourtant, vole vers la frontière
Si l'étranger veut te faire la loi.
A nos lauriers, à nos palmes si belles
De nos exploits immortel monument,
Viens ajouter des guirlandes nouvelles.
Tu l'as juré, tu tiendras ton serment.

Aime les arts, protége l'industrie,
De l'ouvrier sois l'heureux talisman ;
Que le commerce, au sein de la patrie,
Enfin par toi console l'artisan.
De l'orphelin sois fier d'être le père,
Et de la veuvé en proie à son tourment
Va consoler la douleur solitaire.
Tu l'as juré, tu tiendras ton serment.

Rappelle-toi ton nom et ta naissance,
Ce que tu vaux, enfin ce que je fus ;
Pour faire alors le bonheur de la France,
Dans ton essor tu n'hésiteras plus.
Au premier rang parmi ceux qu'on renomme,
Sois par ton zèle et par ton dévoûment
Homme de bien si tu n'es pas grand homme.
Tu l'as juré, tu tiendras ton serment.

LES VIEUX DÉBRIS.

Air : *Vive Paris, ou du retour en France.*

Pauvres Français, le sort inexorable
Depuis longtemps vous tient les bras croisés !
Faites toujours une amende honorable
Pour oublier vos triomphes passés.
Pourquoi citer ces cancans de l'Empire,
Et les travaux du Petit Caporal ?
Henri de France est le seul qui m'inspire ;
Henri de France est bien d'un sang royal.

Qui pourrait donc aujourd'hui méconnaître
Du droit divin les succès étonnants ?
Dans nos hameaux, écoutez chaque prêtre ;
Les hauts barons sont aussi rayonnants.
Napoléon, pendant son long martyre,
Rougit, dit-on, d'un règne triomphal :
Henri de France est le seul qui m'inspire ;
Henri de France est bien d'un sang royal.

Sait-on pourquoi la misère est si grande,
Pourquoi le Ciel ne se laisse fléchir ?
C'est qu'à la gloire apportant une offrande,
Bien des Français craignent de trop blanchir.
Si le neveu que nous venons d'élire
Avait du moins un penchant monacal :
Henri de France est le seul qui m'inspire ;
Henri de France est bien d'un sang royal.

Louis peut-il sauver la République
Que Loyola cerne de toute part ?
Réclamez donc le pouvoir monarchique ;
Foulez aux pieds d'Austerlitz l'étendard :
Ne pouvaut plus maîtriser son délire,
L'ultramontain lâche le mot fatal :
Henri de France est le seul qui m'inspire ;
Henri de France est bien d'un sang royal.

Amants fougueux de gloire surannée,
Trop vieux débris qu'enflammait un héros,
La Liberté, d'une voix consternée
Voudrait en vain réveiller les échos.
Courbez la tête et sans crainte allez dire
Au Président de quitter son local :
Henri de France est le seul qui m'inspire ;
Henri de France est bien d'un sang royal.

HOMMAGE

AU PRÉSIDENT DE LA RÉPUBLIQUE.

AIR ! *Les souvenirs D'Émile Debreaux.*

Quel avenir devant nous se dévoile !
Partout la joie éclate en mille chants ;
De notre honneur l'antique et noble étoile
Renaît enfin sous nos cieux plus brillants.
Heureux destin ! l'âge d'or recommence
Avec ses dons et ses présents flatteurs.
Bardes, chantez le sauveur de la France,
Sur son chemin, enfants, semez des fleurs.

La France en deuil et veuve de sa gloire,
Depuis longtemps pleurait Napoléon ;
Mais, tout à coup, dans un jour de victoire,
Sa libre voix a prononcé son nom.
L'écho soudain, avec magnificence,
A répété ces brillantes clameurs.
Bardes, chantez le sauveur de la France,
Sur son chemin, enfants, semez des fleurs.

En inscrivant ce nom sur ta bannière,
Peuple français, la victoire est à toi :
Lorsqu'il flottait jadis sur la froutière
Les ennemis fuyaient glacés d'effroi.
Brille sur nous, symbole de vaillance !
Tu tariras la source de nos pleurs.
Bardes, chantez le sauveur de la France,
Sur son chemin, enfants, semez des fleurs.

Plus de pouvoir qui nous commande en maître !
Plus d'oppresseurs ! enfin le peuple est roi.
Dans nos cités les beaux-arts vont renaître,
Nous vivrons tous sous une même loi.
Disparaisez, blasons, droits de naissance,
Effacez vos priviléges menteurs.
Bardes, chantez le sauveur de la France,
Sur son chemin, enfants, semez des fleurs.
Honneur à toi, France ! qui sus comprendre

Ce qui manquait à tes enfants vainqueurs ;
Napoléon saura bientôt te rendre
Le noble prix de tes nobles faveurs.
Grâce à ses soins le paix et l'abondance
Vont mettre un terme à tes longues douleurs.
Bardes, chantez le sauveur de la France,
Sur son chemin, enfants, semez des fleurs.

Oui, nous devons des chants et des guirlandes
A qui jura de défendre nos droits ;
Ne soyons pas économes d'offrandes,
Napoléon est l'ennémi des rois.
C'est notre appui, c'est notre providence,
Nous lui devrons bientôt des jours meilleurs;
Bardes, chantez le sauveur de la France,
Sur son chemin, enfants, semez des fleurs.

FIN.

www.ingramcontent.com/pod-product-compliance
Lightning Source LLC
Chambersburg PA
CBHW061258060726
47596CB00002B/643